156.

# MUNICIPALITÉ DE PARIS.

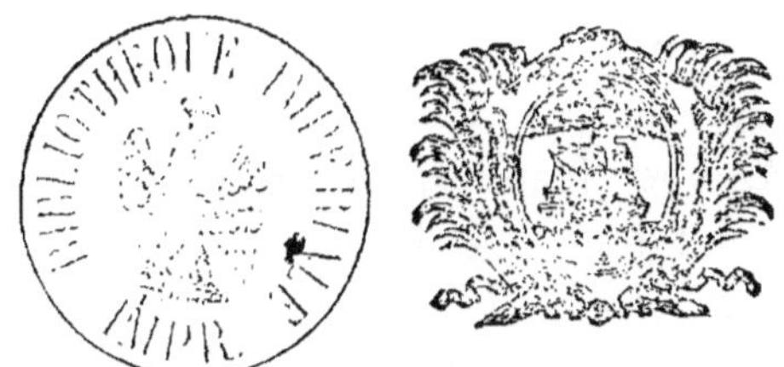

## CONSEIL GÉNÉRAL
### DE LA COMMUNE.

*Exposé des Faits qui se sont passés dans la Séance du 22 Février 1791, sur l'événement qui a eu lieu au Luxembourg chez Monsieur, frère du Roi.*

LE CONSEIL GÉNÉRAL étoit assemblé, lorsque M. le Maire a été obligé de s'absenter.

Les motifs qui avoient déterminé M. le Maire à céder momentanément la présidence, n'ont pas été long-tems inconnus. Un des Membres du Conseil général en a informé l'Assemblée. Il a dit « que le bruit se répandoit que » MONSIEUR, frère du Roi, vouloit s'éloigner » de la Capitale ; que le peuple le craignoit ; » qu'inquiet, il s'étoit porté du côté du Lu- » xembourg ; que MONSIEUR se rendoit actuel- » lement aux Tuileries ; que la Garde Nationale » étoit sur pied ; & qu'il croyoit qu'il étoit de

A

» la prudence & du devoir du Conseil Gé-
» néral de prendre des mesures capables de
» calmer tous les esprits ».

Le Substitut - Adjoint du Procureur de la
Commune, M. Desmousseaux, s'est fortement
élevé contre le projet qui venoit d'être dénoncé;
il en a fait sentir tous les dangers; il en a
démontré tous les inconvéniens : plusieurs Membres se sont exprimés avec autant de patriotisme
que de courage, & l'Assemblée a pris l'Arrêté
suivant :

Sur le réquisitoire du second Substitut-Ad-
joint du Procureur de la Commune,

Le Conseil Général, considérant qu'une por-
tion de la Famille Royale vient de s'éloigner
contre le vœu du Peuple français; qu'on annonce, dans ce moment, le départ du propre
frère du Roi, & que cet éloignement subit,
s'il avoit lieu, pourroit entraîner beaucoup
d'autres émigrations; considérant que, dans des
moments, où des ingrats déjà trop nombreux
vont de contrée, en contrée, mendier des
ennemis à leur Patrie, & se flattent, avec au-
dace, avec impiété, d'obtenir de coupables suc-
cès, il est du devoir du Conseil général de la
Commune de se retirer, sans délai, auprès de
l'Assemblée Nationale, pour la prier de pour-
voir à la sûreté de l'Etat & à la tranquillité
du Peuple ;

A arrêté, 1°, Qu'il fera fait, à l'inftant, une députation à l'Affemblée Nationale, pour la fupplier de porter, fans délai, une Loi, qui détermine les devoirs des membres de la Dynaftie régnante, & les cas où ils ne pourront ni quitter le Royaume, ni s'éloigner de la perfonne du Roi;

2° De porter également une Loi qui détermine les cas où, la Patrie étant en danger, aucun Citoyen ne pourra l'abandonner fans encourir la confifcation de fes biens ou revenus, & la deftitution de tous les emplois publics qu'il pourroit y occuper;

3° De déterminer, par la même Loi, le délai dans lequel les Citoyens, préfentement abfens du Royaume, feront tenus d'y rentrer, fous la même peine.

VINGT-QUATRE COMMISSAIRES ont été chargés de porter à l'inftant cet Arrêté, & de reporter de fuite la réponfe qu'ils auroient obtenue;

Ils font partis à huit heures, préfidés par M. Mulot, en l'abfence de M. le Maire : & le Confeil Général a continué la féance.

Dans l'intervalle de leur abfence, des Députés de la Section des Thermes de Julien, font venus dépofer leurs allarmes dans le fein du Confeil Général; leur zèle les avoit déterminés à provoquer une délibération que le Conseil avoit devancée ; ils en ont été instruits.

Un moment après, M. le Maire est arrivé ; il a repris le fauteuil, & il a instruit l'Assemblée de ce qui s'étoit passé depuis qu'il avoit été appellé au dehors ; il a dit :

Messieurs,

» Pendant que je présidais le Conseil, on est venu me donner avis qu'un attroupement considérable, parti des Tuileries & du Palais-Royal, se portoit au Luxembourg. Sur le champ j'ai fait avertir M. Lafayette & M. Gouvion ; j'ai envoyé un Cavalier au Luxembourg pour avoir des nouvelles certaines. Ce Cavalier de retour, m'a dit, qu'un grand nombre d'hommes & de femmes inquiétés par la crainte que MONSIEUR ne partît, agités par les bruits qui se répandoient, que les voitures de sa suite étoient déjà chargées, s'étoit porté en foule au Luxembourg ; que MONSIEUR s'étoit montré au Peuple, & lui avoit engagé sa parole d'honneur, qu'il n'avoit jamais eu dessein de partir ; que le Peuple l'avoit invité à aller aux Tuileries ; que MONSIEUR s'y étoit rendu, & que la foule avoit accompagné sa voiture ; que l'attroupement se formoit à la place du Carousel. J'ai pensé qu'un attroupement considérable autour du Palais du Roi devoit donner les plus vives inquiétudes. J'ai prié MM. Jolly,

Coufin & le Vacher de m'accompagner; & je me fuis rendu, avec eux, aux Tuilleries. Un grand nombre d'hommes & de femmes étoit affemblé au Caroufel; nous avons traverfé la foule en les exhortant à la paix. Nous avons pénétré jufques dans les Cours où nous avons trouvé M. le Commandant-Général qui prenoit des mefures pour rétablir le calme. Je fuis retourné à la tête de MM. les Officiers Municipaux, qui m'accompagnoient, pour parler au peuple. Nous lui avons dit que tout attroupement étoit un mal, un défordre public; qu'un attroupement à la porte du Roi pouvoit infpirer les plus vives alarmes. Nous l'avons engagé à fe retirer & à diffiper les inquiétudes que le Roi pouvoit concevoir. Les efprit étoit affez calmes; on nous demandoit feulement de mettre en liberté trois jeunes gens qui, plus imprudents que les autres, avoient été arrêtés par la Garde-Nationale. Nous leur avons dit que ces Prifon-niers avoient fûrement été arrêtés pour avoir commis quelques fautes; qu'on ne pouvoit les mettre en liberté qu'en vertu de la Loi; que nous allions procéder à leur interrogatoire; que s'ils étoient reconnus innocens, il feroient libres. Nos exhortations ont fuffi pour calmer le peuple, & la foule s'eft difperfée. Nous nous fommes rendus au jardin des Tuileries qui déjà étoit entièrement évacué. Nous fommes aller chez le Roi l'affûrer que tout étoit rentré dans le calme, que l'attroupement étoit totalement diffipé. Deux de MM. les Officiers Municipaux font reftés pour interroger les Prifonniers, & nous fommes venus vous rendre compte ».

Bientôt après MM. les Commiffaires, députés auprès de l'Affemblée Nationale, font rentrés.

M. le Vice-Préfident a expofé que, conformément à l'Arrêté dont il étoit porteur, la Députation s'étoit tranfportée à l'Affemblée Nationale ; qu'il avoit fait demander l'admiffion à la barre, mais que plufieurs Membres lui ayant fait obferver que la loi demandée par la Commune de Paris étant à l'ordre du jour de demain, il n'y avoit point d'inconvénient à attendre que l'Affemblée Nationale fe livrât à cette difcuffion ; que, de plus, la féance avoit été deftinée à l'affaire de Nîmes, & que l'Affemblée avoit décrété qu'elle s'en occuperoit exclufivement.

Une Lettre de M. le Préfident de l'Affemblée Nationale a confirmé ces différentes obfervations ; & prefqu'auffi-tôt la féance a été levée.

M. le Préfident de l'Affemblée Nationale s'eft rendu au milieu de la Députation : après avoir rappellé les motifs énoncés dans fa Lettre ; M. le Préfident a ajouté qu'il venoit de recevoir de M. Lablée, Préfident de la Section du Luxembourg, une Lettre qui contenoit les détails les plus exacts fur ce qui s'étoit paffé au Luxembourg.

La Lettre a été lue ; on a penfé qu'il étoit convenable de la communiquer au Confeil Général de la Commune, en lui obfervant que, la féance ayant été levée au moment où la Lettre avoit été remife à M. le Préfident, il avoit été impoffible d'en faire la Lecture à l'Affemblée Nationale : on a penfé encore que M. Lablée devoit fe joindre à la Députation, & affifter au compte qu'elle alloit rendre de ce qui s'étoit paffé.

M. Lablée ayant acquiefcé à cette propo-fition ; M M. les Commiffaires font retournés à l'Hôtel-de-Ville ; M. Lablée les a accom-pagnés ; la Lettre a été lue, & le Confeil Gé-néral, fur le réquifitoire du fecond Subftitut-Adjoint du Procureur de la Commune, a voté à M. Lablée des remercîmens dus à fon zèle & à la prudence avec laquelle il s'eft conduit dans toute cette affaire.

Le Confeil général a de plus ordonné l'in-fertion de la lettre de M. Lablée dans le Procès-verbal, ainfi que l'impreffion & l'envoi aux Sections de tout ce qui s'eft paffé dans le cours de la féance, fur les événemens arrivés au Luxembourg.

*COPIE de la Lettre de M. LABLÉE, Président de la Section du Luxembourg, à M. le Président de l'Assemblée Nationale.*

Du 22 Février 1791.

MONSIEUR LE PRÉSIDENT,

L'Assemblée de la Section du Luxembourg m'a député vers vous, afin que je vous instruise de ce qui vient de se passer chez MONSIEUR, frère du Roi, & que dans le cas où les détails de cet événement seroient dénaturés, je pûsse les représenter dans leur intégrité.

L'Assemblée générale de cette Section que j'ai l'honneur de présider, alloit ouvrir sa séance, lorsqu'on est venu nous annoncer qu'une foule nombreuse se portoit au Luxembourg, sur le bruit que MONSIEUR, frère du Roi, se préparoit à partir de la Capitale.

Aussitôt, l'Assemblée m'a député vers MONSIEUR pour lui faire part de la fermentation des esprits, causée par l'annonce de son départ, & concerter avec lui les moyens de le préserver des dangers, dans le cas où il y seroit exposé. On m'a donné une garde d'honneur, qui m'a été très-néceffaire , pour percer la foule qui entouroit le Palais , & vouloit y entrer.

J'ai été introduit dans l'appartement de MONSIEUR, qui étoit, en ce moment, chez MADAME, & que j'ai envoyé avertir ; mais, un inftant après, les Citoyens , dont le nombre avoit groffi, ont députe vers MONSIEUR, une trentaine des Dames qui étoient avec eux. MONSIEUR defcendu de fon efcalier a trouvé cette députation ; une des Dames lui a dit : « MONSIEUR , on dit que vous vous preparez » à partir ; nous venons vous fupplier de refter; » & nous ne vous quitterons pas ». MONSIEUR leur a répondu : « Mefdames , mon intention » n'a jamais été de partir ; vous favez comme » le Roi eft attaché à la Conftitution ; je fuis » attaché à la Conftitution & au Roi , & je » perdrai plutôt la vie que de me féparer de » le perfonne du Roi ».

Les Dames ont applaudi & ont embraffé MONSIEUR, qui a remonté vers l'appartement de MADAME. Mais plufieurs d'elles infiftoient pour monter & le garder. J'ai été affez heureux pour demander & obtenir le filence. Je leur ai dit l'objet de ma miffion; elles y ont applaudi & m'ont invité à la remplir. J'ai été préfenté à MONSIEUR, qui ayant entendu les vœux de la Section du Luxembourg & que le Bataillon des Carmes s'armoit pour prévenir ou arrêter le désordre qui pouvoit avoir lieu, m'a répété la déclaration qu'il avoit faite aux Dames, m'a autorisé à la rendre publique, & a demandé que les Citoyens de la Section ne vinssent point en armes. Les Dames qui restoient dans le vestibule & paroissoient insister sur la demande de garder MONSIEUR, m'ont encore prêté silence, & je leur ai dit :

« Venu pour la même cause qui vous a » amenées ici, Mesdames, j'ai entendu la » déclaration de MONSIEUR ; elle doit nous » suffire, & nous avons tout à attendre de son ci- » visme. Je vous supplie de ne point rester » ici ; ce seroit peut-être un prétexte pour » des mal intentionnés de se réunir à vous, » qui êtes toutes bonnes citoyennes. Je retourne » à la section du Luxembourg ; venez-y avec » moi : là, nous délibérerons commodément » & tranquillement sur nos intérêts communs ; » nous y cimenterons notre union fraternelle ». On a applaudi à la proposition, qui a été acceptée.

Quelques-unes de ces dames m'ont demandé que je leur cautionnasse que MONSIEUR ne partiroit pas : je leur ai dit que la parole de MONSIEUR n'avoit pas besoin de caution ; mais que, s'il leur en falloit une, elles pouvoient me prendre pour gage : alors elles m'ont embrassé, pris sous leurs bras & transporté à la section du Luxembourg. Là , je les ai remerciées, au nom des bons citoyens, de l'acte de prudence & de patriotifme qu'elles avoient exercé ; & , comme elles avoient été fuivies de la foule qui étoit à la porte du Luxembourg, à laquelle j'avois annoncé la déclaration de MONSIEUR , je les ai tous engagés à fe divifer , & à fe répandre dans Paris , pour y publier la déclaration que MONSIEUR leur avoit faite. J'ai fait infcrire les noms d'une partie des dames de la députation. Tous font fortis de l'affemblée en annonçant les difpofitions les plus pacifiques , & l'on vient de nous dire que MONSIEUR , après que la foule a été diminuée de ceux qui m'ont fuivi, s'eft rendu au château des Tuileries.

J'ai l'honneur , &c.

Signé, LABLÉE , Préfident de la fection du Luxembourg.

Signé, BAILLY, Maire.

DEJOLY, Secrétaire-Greffier.

De l'Imprimerie de LOTTIN l'aîné, & J. R. LOTTIN, Imprimeurs-Libraires-Ordinaires de la VILLE, rue S.-André-des-Arcs , ( N° 27 ) 1791.